JN015973

やり方がちがう人を取り残さない

東洋大学人間科学総合研究所客員研究員　川内美彦（かわうちよしひこ）

　本を読むときに、多くの人は、文字を目で読みます。では、目の見えない人は、本が読めないのでしょうか。いえいえ。目の見えない人は、点字や、パソコンでの音声による読み上げなどで、本を読んでいます。

　人と話をするとき、多くの人は、相手の声を聞きながら話をします。では、耳の聞こえない人は、人と話ができないのでしょうか。いえいえ。耳の聞こえない人は、手話や筆談などで、人と話をしています。

　高いところのものを取るとき、多くの人は、背をのばして取ります。では、立ち上がることができない人は、高いところのものが取れないのでしょうか。いえいえ。立ち上がることができない人は、周りの人にお手伝いをたのんだりして、高いところのものを取っています。

　見えない、聞こえない、立ち上がれない人たちは、できない人だと思われていますが、そうではなくて、ほかの人たちとはやり方がちがうのです。でも社会は、やり方がちがう人がいることを、あまり考えてきていませんでした。なので、やり方がちがう人には、できないことがたくさん生まれてしまっています。

　この本には、そのやり方がちがう人たちができるようになれる工夫が、たくさん載っています。いま世界は、「だれひとり取り残さない」（Leave No One Behind）という目標をかかげています。これからは、ほかの人とやり方がちがっていても、その人たちなりのやり方で、いろいろなことができるような社会になっていってほしいものです。そして、それぞれの人がそれぞれのやり方でできることがあたりまえの社会になってほしいものです。

　そうした社会にするにはどうしたらよいか、そして町にはどんな工夫をしていくとよいか、みなさんもぜひ、考えてみてください。そして、考えつづけてください。

みんなが過ごしやすい

町のバリアフリー

3

監修 川内美彦（東洋大学人間科学総合研究所客員研究員）

情報を得る工夫

危険　Danger

手荷物から手を離さないで
Keep hold of your baggage

小峰書店

「みんな」ってどんな人？

この本のタイトルは『みんなが過ごしやすい町のバリアフリー』です。ところで「みんな」とは、だれのことでしょうか？

町には、お年よりや小さい子ども、目や耳などに障害のある人、けがをした人、日本語がわからない外国人など、さまざまな人がいます。そのひとりひとり、すべての人たちができるだけバリア（かべ）を感じずに過ごせるように、町の図書館、病院などの建物や乗り物、道路の設備にはいろいろな工夫があります。

3巻では「情報を得る工夫」を紹介します。町を歩いて、みんながわかりやすく情報を得るために、どんな工夫があるか調べてみましょう。そして、みんなが過ごしやすい町になるために、自分にはどんなことができるか、考えてみましょう。

もくじ

この本の使い方

この本では、バリアフリーのための設備とその工夫について、3つのステップで紹介しています。

❶

Q どんな場所にあるの？

Q&Aの形式で、紹介している町の工夫が、どのような場所でよく見られるかを説明しています。町を歩いて調べるときの参考にしましょう。

調べてみよう！

紹介している町の工夫について、身近な場所を調べるときのヒントです。

❷

Q なぜ、つくられたの？

Q&Aの形式で、この設備がなぜ考えられたのか、なぜつくられたのかを説明します。どんな人にとって便利なのかも説明します。

伝わりやすくするための工夫など

設備にどのような工夫がされているのか、図や写真とともに紹介します。

インタビューコーナー

紹介している設備と関わりの深い、当事者のみなさんの声をQ&Aの形式で紹介します。

❸

見てみよう！

紹介した町の工夫について、くわしく解説するページです。誕生したときのことや、国内での広まり・発展のようすなどを紹介しています。

コラム

紹介した町の工夫について、少しちがった視点から考えます。

考えてみよう！

みんなの毎日のくらしと町のバリアフリーの関係について、みんなで考えていきたいことを提案します。

みんなが過ごしやすい町になるためのバリアフリーの工夫について、調べて報告文を書いてみましょう。ここでは、ピクトグラムについて調べた報告文を紹介します。

この本で調べた 報告文の例

ピクトグラムを使って、みんなが過ごしやすい町へ

5年3組　大木和子

1.調べたきっかけ

　ショッピングモールへ買い物に行ったとき、トイレのマークのおかげで、かんたんにトイレをさがすことができた。これらのマークはピクトグラムというそうだ。こんなふうに便利なピクトグラムがいつから使われるようになったのかを知りたくなったので、調べることにした。

2.調べ方

　大きく分けて、二つの方法で調べた。一つ目は、もう一度ショッピングモールへ行って、どんなピクトグラムがあるか調べた。二つ目は本で、ピクトグラムがいつからあって、どうしてできたのかを調べた。

3.調べて分かったこと

　ショッピングモールには、エレベーター、エスカレーター、レストランなどたくさんのピクトグラムがあった。本で調べてみると、日本で最初にピクトグラムが使われたときのことが、次のように説明されていた。

> 　1964（昭和39）年に行われた東京オリンピックは、日本に世界中の人たちがおとずれる、初めての大きなイベントでした。いちどにたくさんの日本語のわからない外国人がやってくる大会にそなえて、競技種目やトイレ、公衆電話、食堂などの場所を案内するための工夫が必要でした。そのために、ピクトグラムが使われたのです。

（小峰書店「みんなが過ごしやすい町のバリアフリー」　3巻10ページ）

　このように、ピクトグラムは約60年前のオリンピックがきっかけで便利に使われ始めたことが分かった。この本によると、今、国内では標準に用いるものとして150以上のピクトグラムが決められていて、ピクトグラムは世界で広く使われているそうだ。

4.まとめ

　オリンピックから使われるようになったピクトグラムは、今はいろいろな種類があって、いろいろな場所にあることが分かった。言葉のかわりに情報を伝えるための工夫は、日本語が分かる私にもとても便利だ。目が不自由でピクトグラムを見られない人のためにはどんな工夫があるのか、知りたいと思った。

- -

参考　「みんなが過ごしやすい町のバリアフリー」小峰書店　（2022年）

ショッピングモールにもあった
「案内」と「非常口」のピクトグラム

10ページ「なぜ、つくられたの?」から、文章を引用しているよ。

10ページ「なぜ、つくられたの?」を読んで、分かったことを書いているよ。

10ページから、マークを引用しているよ。

報告文を書くコツ ③

コツの①②、④⑤は
1巻、2巻、4巻、5巻を見てね!

「引用」するのは何のため?

報告文を書くときには、読み手が分かりやすいように「調べた事実」と「自分の考え」とを区別して書くことが大切です。

調べた事実を書くときには、文章や図、表などを引用することがあります。引用した部分は、自分の考えの「根拠」(事実)となります。調べて報告するには、信頼できる情報を提示して「根拠」(事実)をしめす必要があります。根拠がしめされていれば、読み手は「本にそう書いてあったということは、自分勝手な思いこみではないな。」「くわしい人が言っているのだからまちがいないな。」と納得することができます。

効果的に引用をして、読み手に納得してもらえる文章にしましょう。

ポイント

長い文を引用するときは、左の4ページの例のように、前後を1行空けて、引用文の最後に引用した本の情報とページ数をしめそう。

短い文を引用するときは、
「○○」に「○○」と書いてあった。
または
「○○」によると、「○○」だそうだ。
などの書き方があるよ。
(ほかの巻の4ページも参考にしてね)

「引用」をしめさないと、こんなふうに事実かどうか分かりにくい文になるのね。

(引用をしめさなかった例)

2.調べ方

大きく分けて、二つの方法で調べた。一つ目は、もう一度ショッピングモールへ行って、どんなピクトグラムがあるか調べた。二つ目は本で、ピクトグラムがいつからあって、どうしてできたのかを調べた。

3.調べて分かったこと

ショッピングモールには、エレベーター、エスカレーター、レストランなどたくさんのピクトグラムがあった。1964(昭和39)年に行われた東京オリンピックは、日本に世界中の人たちがおとずれる、初めての大きなイベントだった。いちどにたくさんの日本語の分からない外国人がやってくる大会にそなえて、競技種目やトイレ、公衆電話、食堂などの場所を案内するための工夫が必要だった。そのためにピクトグラムが使われた。今国内では標準に用いるものとして150以上のピクトグラムが決められていて、ピクトグラムは世界で広く使われていると、本に書いてあった。

4.まとめ

オリンピックから使われるようになったピクトグラムは、今はいろいろな種類があって、いろいろな場所にある。言葉のかわりに情報を伝えるための工夫は、日本語が分かる私にもとても便利だ。目が不自由でピクトグラムを見られない人のためにはどんな工夫があるのか、知りたいと思った。

調査して分かったことと、本を読んで分かったことは、それぞれどの部分かな?

何の本を読んだのかな? 引用したのはどの部分かな?

「まとめ」に、説得力があるかな?「調べた事実」と「自分の考え」を、区別して書いているかな?

外国から来た人
マグナス・ベングソンさん

マグナスさんはスウェーデンから日本にやってきました。マグナスさんには、町の設備がどのように見えているのでしょうか?

私は20年前に、スウェーデンから日本にやってきました。今は韓国人の妻とふたりの子どもといっしょに、東京都の世田谷区でくらしています。今はだいぶ日本語がわかるようになりましたが、最初はわからなくてたいへんでした。今も、病院で病気についての説明をうけるのは、むずかしくて苦手です。

日本に20年いますが、日本語はまだまだ勉強中です。

1 便利なところ

案内板に外国語も書いてあると、歓迎されているように感じられて気持ちがいいです。

公園に大きな案内板がありました。すべての文字に英語がついています。

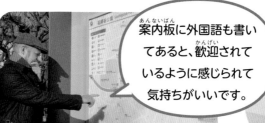

スマホの翻訳アプリはとても便利です。2種類を使いこなしています。

マグナスさんは、スウェーデン語のほかに英語を話します。日本語での会話がむずかしいときには、スマホのアプリを使います。

もよりの駅の前にある案内板。英語と中国語、韓国語がいてあります。外国人にとって心強いとマグナスさんは言います。

日本語は読めなくても、ピクトグラムを見れば意味がわかりますね。

2 わかりにくいところ

麦茶にも漢字しか書いていないので、むずかしいです。炭酸飲料かな? と思います。

コーヒーがあまいかあまくないかが、わかりにくいです。

自動販売機に、漢字しか書かれていない商品があります。マグナスさんにとってはむずかしい漢字です。とくにコーヒーにある「微糖（少しだけ砂糖が入っている）」の文字の意味を、覚えられないそうです。

バス停の時刻表です。ここには英語は書かれていません。引っこしてきた最初のころは、マグナスさんにはわかりにくく、とまどったそうです。

バス到着予定のご案内
先発 駅行き　　　あと　6 分で到着します
次発 ゆめのライト。あと　　　分で到着します

「あと6分で到着」とありますが、「分」が「minutes」の意味だということだけでも書いてあるといいですね。

バス停の電光掲示板にも、英語はありませんでした。

この郵便ポストは出し方がよくわかりません。私が投函したい郵便物は右? 左? どちらに入れればいいのかな?

その他郵便物
OTHERS

日本の年末は、「年賀状」の意味がわからない外国の人にとって、手紙を出しづらくなる季節です。

「OTHERS」は「その他」という意味です。マグナスさんは自分が投函したい郵便物が「その他」にあてはまるのか、判断できませんでした。

ピクトグラムを使った案内表示

日本では、公共の場所でピクトグラムが活躍しています。多くの人がひと目で情報を得ることができるために、欠かせないバリアフリーの工夫のひとつです。

空港にある「案内所」をしめすピクトグラム。わからないことを聞くことができる場所だ。遠くからでも探せるように、目立つように大きく表示してある。十分な視力のない人もわかるよう、内側から照明で照らして、記号をくっきりとうかび上がらせている。

広いフロアのどこからでも見つけやすいように、高い位置にある。

A 建物の中や屋外など公共の場所

簡単な形で情報を伝える絵文字を「ピクトグラム」といいます。多くの人が行き来する公共の場所にはかならず、ピクトグラムを使った案内があります。駅や空港、道路、スポーツセンターやショッピングセンターなど、さまざまな場所で見ることができます。

国が規格を定めているピクトグラムは、どれも形が同じです。全国で、また一部は世界でも統一されています。

男女の形をしめすピクトグラムは、トイレをあらわす。

高速道路にあるサービスエリアの案内表示。左端の「P」は駐車場をあらわす。つづいて左から順に「ガソリンスタンド」「レストラン」「ハイウェイ情報ターミナル」をあらわす。

調べてみよう! きみの学校には、ピクトグラムはあるかな?

Q なぜ、つくられたの？

A 言葉のわからないたくさんの外国人を案内するため

　1964（昭和 39）年に行われた東京オリンピックは、日本に世界中の人たちがおとずれる、初めての大きなイベントでした。いちどにたくさんの日本語のわからない外国人がやってくる大会にそなえて、競技種目やトイレ、公衆電話、食堂などの場所を案内するための工夫が必要でした。そのために、ピクトグラムが使われたのです。

　ピクトグラムは、伝えたいことを文字や文章であらわすかわりに、形と色、絵で表現します。国や言葉のちがい、年齢や性別などにかかわらず、さまざまな人がひと目見ただけで意味を理解できるようにつくられています。国内では標準に用いるものとして、150 以上のピクトグラムが決められています。そして今、ピクトグラムは世界で広く使われています。

これは、トイレをあらわしているのかな？

食堂はこっちだな。これはわかりやすい！

考えてみよう！

もしもピクトグラムがなかったら、日本語がわからない外国人観光客はどうやって情報を手に入れるかな？

わかりやすいための工夫

ピクトグラムの基本

工夫❶ 外側の形は、丸、三角、四角のどれかでできています。ひとつのピクトグラムは 1 色、多くても 2 色でつくられています。

工夫❷ ピクトグラムでは、色も意味をもちます。赤は禁止、黄色は注意、緑は安全、青は指示をあらわします。場所やサービスを案内する案内用ピクトグラムには、色の指定はありません。

工夫❸ 人の形のピクトグラムは、単純な直線と曲線で人の体の形、動きをあらわします。

ピクトグラムは、シンプルな形と色で案内や注意などを伝える。

案内用のピクトグラムには、上の 4 色以外の色を使える。また、色を反転させてもよい。

禁止と注意、安全と指示をしめすピクトグラム

工夫❶ 赤は見た人に緊張感をもたせる色です。赤丸の中に黒の絵柄を入れ、その上に赤の斜線をひいて「禁止」をあらわします。

工夫❷ 黄色は、見た人に警戒する気持ちをもたせる色です。三角の黄色に黒を組み合わせることで、さらに注意をうながす効果があります。

工夫❸ 緑色は「安全」をあらわします。火事になったときに、炎の中で見えやすい色です。四角の形と組み合わせて「安全な場所」をしめします。

工夫❹ 丸く、くっきりと明るい青は、目につきやすく読み取りやすい色です。情報を伝える色として使用され、ピクトグラムでは「～してください」という指示をあらわします。

人が立っている絵（左）は「立入禁止」、ごみを手放す絵（右）は「捨てるな」の意味。

エクスクラメーションマーク（びっくりマーク）（左）は、「注意」を強く伝える。おれまがった矢印（右）は「感電注意」の意味。

人が明るい四角のほうへ走る絵（左）は「非常口」、波からのがれて高台へ走る絵（右）は「津波避難場所」をしめす。

人が顔の前に指を立てている絵（左）は「静かに」、マスクの絵（右）は「マスクを着用してください」という指示をあらわす。

株式会社アイ・デザイン
児山 啓一さんの
お話

最初の案　つぎの案　完成形

Q つくるのがとくに大変だったのは、どのピクトグラムですか？

A コンビニエンスストアのピクトグラムです。

　私たちの会社では、国や関連の団体から注文を受けてピクトグラムをつくっています。むずかしいのは、絵をぎりぎりまで単純にして、だれにでも何の絵かわかるようにすることです。さらに、何十メートルもはなれた場所からも見えて、スマホのような小さな画面でも見やすいように工夫します。コンビニエンスストアをあらわすピクトグラムの場合は、絵に苦労しました。最初の案は日本では理解されたのですが、外国で調査するとガソリンスタンドやバス停に見えるという声がありました。そこで完成形は、屋内をあらわす屋根に、売っている食べ物と飲み物の絵になりました。パンにはさんであるのは、レタスとハムです。レタスの曲線のおかげで、サンドイッチとわかります。

障害者に関係するマーク

助けが必要な人や設備をしめす

　障害のある人が使うための工夫をした施設や設備、ルールなどをしめしたり、障害のある人が助けを必要としていることをわかりやすく伝えたりするために、マークやピクトグラム※が便利に使われています。国際的に定められたもの、日本の法律にもとづくもの、障害者団体が自分たちでつくったものがあります。

※マークとは「しるし・記号」のことで、人に伝えたい情報を、文字ではなく絵や図であらわしたもの。ピクトグラムもマークにふくまれる。ただしピクトグラムは、より具体的な形にすることで、言葉のかわりとしての役割が大きくなる。

空港にある、カームダウン・クールダウンの設備

新しく誕生したカームダウン・クールダウンのピクトグラム

　発達障害の人などの場合、自分の気持ちのコントロールがむずかしいときがある。それらの人がパニック発作などを起こしたり、起こしそうになったりしたときに、しばらくひとりになって気持ちをしずめるための設備をしめすピクトグラム。2018（平成30）年にできた。発作を気にせず公共の場所へ出かけて楽しむことができるように、空港や競技場などにカームダウン・クールダウンの設備がつくられている。

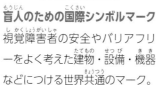

障害者のための国際シンボルマーク
すべての障害者が利用できる建物、施設であることをはっきりとあらわす、世界共通のマーク。

盲人のための国際シンボルマーク
視覚障害者の安全やバリアフリーをよく考えた建物・設備・機器などにつける世界共通のマーク。

身体障害者マーク
手足などが不自由な人が運転する車につけるマーク。道路交通法にもとづく。

聴覚障害者マーク
耳の不自由な人が運転する車につけるマーク。道路交通法にもとづく。

ハート・プラスマーク
外見からはわかりにくい、心臓などに障害のある人をあらわす。対応している施設をあらわすとともに、身につけて使うこともできる。NPO法人「ハート・プラスの会」によるもの。

オストメイト用設備/オストメイト
オストメイト（人工肛門・人工膀胱をつけた人）が使えるトイレをしめす。また、オストメイトであることをあらわすピクトグラム。

ほじょ犬マーク
入り口にはって、法律にもとづいて認定された補助犬を受けいれる店や施設だということをしめす。厚生労働省がつくったマーク（4巻22ページ）。

耳マーク
聞こえが不自由であることをあらわすと同時に、耳が不自由な人への気づかいと心配りをあらわす。全日本難聴者・中途失聴者団体連合会によるもの。

身につけて使う

　電車の中など公共の場所で、周囲の人たちに助けや心配りを必要としていることを知らせるマークです。カバンなどの持ち物につけて使います。役所や保健所などで受けとることができます。

考えてみよう！

これらのマークを身につけている人を見かけたら、どんなことができるかな？

ヘルプマーク

義足や人工関節を使っている人、妊娠初期の人など、外見からわからなくても、周りの人に手助けや気にかけてほしい事情があることを知らせる。

マタニティマーク

母子の健康のために、妊娠中の女性が身につける。席にすわれないときや、たばこの煙が気になるときなどに、周りの人に心配りを求められるようにつくられた。

「席ゆずります」マーク

妊娠中の女性など、席を必要としている人へゆずりたい人が身につける。マークを見た人に声をかけてもらえるよう、マタニティマークを取りいれている。

知っているかな？

とても大切な照明の工夫

　ピクトグラムを用いた案内表示でも、暗くて見にくければ、意味がありません。案内板の内側に照明を入れて照らす場合もあれば、外から照明を使って照らす場合もあります。弱視の人にとってはまぶしすぎることもあるので、多くの人がちょうどよいと感じるように、調節してあります。

ちょうどよい明るさで見やすくしているトイレの案内

きみの住む町では、どこでどんなピクトグラムが使われているかな？

調べてみよう！

外国語のある案内表示
あんないひょうじ

↑ 1.4km
夢の吊橋
Yume-no-Suspension Bridge
꿈의 출렁다리 / 梦之吊桥

↑ 1.8km
飛龍橋
Hiryu Bridge
히류 다리 / 飞龙桥

↑ 4.0km
前黒法師岳登山口
Mt. Maekurohoushidake Entrance
마에쿠로호우시다케 등산로 입구 / 前黑法师岳登山口

猿並橋
Sarunami Susper
사루나미 출렁다

朝日岳登
Mt. Asahidake En
아사히다케 등산

寸又
Sumatakyo

観光旅行や仕事、留学などのために、日本に来る外国の人がふえています。日本語がわからない外国の人に、情報を伝えるための工夫を見てみましょう。

Q どんな場所にあるの?

A 案内が必要な外国人が多い場所

日本には、外国の人がおとずれる観光名所がたくさんあります。世界各国からの観光客を案内するために、観光地には英語、韓国語、中国語などを表示した案内板がよく見られます。また、空港や鉄道などの公共交通機関でも、いくつかの国の言葉が表示されています。外国の人が多く住む町でも、危険や禁止事項を知らせる案内板などに、外国の言葉が記されています。

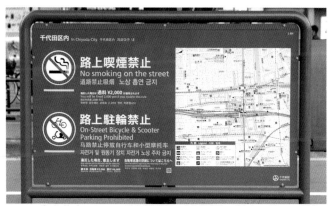

東京都千代田区にある、路上喫煙と路上駐輪の禁止を伝える案内板。日本語のほかに、英語と中国語、韓国語でも記されている。

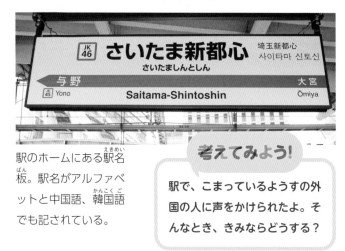

駅のホームにある駅名板。駅名がアルファベットと中国語、韓国語でも記されている。

静岡県の観光名所に設置してある案内標識。ここへはさまざまな国からの観光客がおとずれる。日本語の下に英語、韓国語、中国語が書かれている。

考えてみよう!

駅で、こまっているようすの外国の人に声をかけられたよ。そんなとき、きみならどうする?

調べてみよう! きみの身近な場所では、どんなところにあるかな?

Q なぜ、つくられたの?

A 日本にいる多くの外国人にメッセージを伝えるため

近年、海外から日本へやってくる人の数がふえています。2011（平成23）年から2019年までの8年間で、日本へ来た外国人観光客数が約5倍にふえました。

日本語のわからない外国の人へ情報を伝えるのに、ピクトグラムだけでは足りない場面が多くあります。そこで、ピクトグラムにくわえて、案内板に英語や中国語、韓国語を表記することが多くなりました。

ただし、案内板はスペースがかぎられていて、多くの言語を表記すればするほど見にくくなってしまいます。そのため、文字やピクトグラムを大きく、目に入りやすくするために、たとえば鉄道の駅では床や階段を利用するなど、工夫がこらされるようになっています。

燃えるごみは月曜日か。英語で書いてくれて助かるな。

韓国語でも書いてくれている。よかった!

考えてみよう!

外国語の表記は、言語の数が多ければ多いほどいいのかな?

伝わりやすくするための工夫

注意をうながすための表示

工夫❶ 下りエスカレーターの乗り口に、注意の表示があります。目立つ黄色なので、エスカレーターを利用する人の目に入りやすいです。

工夫❷ 荷物から手をはなしてしまう絵のピクトグラムを中央に、左に日本語で「危険」、右に英語で「Danger」と記してあります。ピクトグラムにくわえて、日本語だけでなく英語がわかる人向けに文字でも注意をうながします。「手荷物から手を離さないで」という文にも英文がついています。

危険　Danger
手荷物から手を離さないで
Keep hold of your baggage

案内のための表示

工夫❶ おもに車を運転する人が見るための、道路案内の標識です。道路の方向を矢印でしめし、行き先の地名を日本語で大きく記しています。日本語の下に、地名をアルファベットでも記しています。

工夫❷ 高いところに設置する案内標識は、安全のためあまり大きくできません。どの文字も、かぎられたスペースの中で、遠くからでも見えるぎりぎりの大きさです。

道路に見られる案内標識。青地に白い文字と決められている。

日本語と英語で、乗り換え案内を駅の階段の側面にしめしている。階段のスペースを使えば、大きく表示ができる。

北海道にある道路案内の標識。ロシア語を使う人も観光に多く来る場所なので、日本語のほかに英語とロシア語の2か国語でしめしている。

スウェーデンから日本に来た
マグナス・ベングソンさんのお話

Q 日本語がわからなくて、こまったことはありますか?

A タクシーで、こまったことがありました。

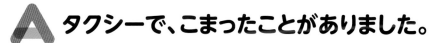

　私は20年前から日本に住んでいます。日本語をほとんど話せなかったころ、タクシーでこまったことがありました。料金をクレジットカードで払おうと思って乗ったら、現金でしか支払いができない車だったのです。コンビニエンスストアでお金をおろしてくるから待っていてほしいと、つたない日本語でけんめいに伝えたのですが、わかってもらえなくて、タクシーは走りさってしまいました。今ならスマホの翻訳アプリを使えるので、便利になりました。

外国人に伝えるためのいろいろな工夫

外国語の文字で伝える

日本語のわからない外国の人が、日本での毎日を安心して過ごすには、わかりやすく情報を伝える工夫が欠かせません。たとえば、自然災害の被害からのがれるための情報は、正確に伝えなければ命にかかわります。また、飲食店で食べたいものをえらぶには、日本語のメニューだけでは十分ではありません。町では、外国の人に情報を文字で伝えるさまざまな工夫が見られます。

津波からの避難をうながす案内板に、英語と中国語、韓国語も書かれている。

写真提供：厚木市観光振興課

飲食店のメニューに、英語での表記がされている例。外国からのお客さんをむかえるために、外国語メニューを用意する飲食店がふえている。

福岡県にある大牟田市動物園の園内マップ。日本語（上）と英語（下）の2種類を用意している。数か国語分の園内マップを用意している動物園もある。

大阪市の天王寺公園・天王寺動物園にある案内板。英語、中国語、韓国語の3種類の外国語が書いてある。

外国語の音声で伝える

日本語のわからない外国の人へ、音声を使って案内する設備や道具もふえています。目で読むだけでなく、音声で聞くことで、より理解しやすくなります。

写真提供：北日本新聞社

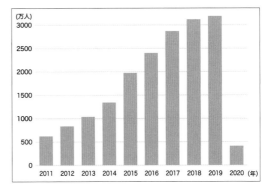

▼日本へやってきた外国人観光客数のうつりかわり

（万人）

日本政府観光局「訪日外客数統計」より作成

2011年から2019年までの8年間で、外国からの訪問客が約5倍にふえていることがわかる。2020年は、世界的な新型コロナウイルス感染症流行のため、急にへっている。

富山県の黒部峡谷鉄道が外国人観光客向けに用意した、観光情報を提供するサービス。スマホでQRコードを読みとると、パンフレットにのっていない見どころの情報が外国語で表示され、読みあげられる。英語、中国語、韓国語、タイ語の4か国語に対応している。

知っているかな？

「やさしい日本語」で伝える工夫

「やさしい日本語」は、ふつうの日本語よりも簡単で、外国の人にもわかりやすい日本語です。漢字を組み合わせた熟語をさけるなどの工夫が、特長です。

1995（平成7）年に起きた阪神・淡路大震災では、日本語も英語も十分に理解できない多くの外国人も被災し、必要な情報を受けとることができませんでした。このような人たちが安全な行動をとれるようにと考え出されたのが「やさしい日本語」です。役所が出す情報や、生活にかかわる情報、毎日のニュースなど、さまざまな分野で使われています。

外国の人をはじめ、子どもやお年より、障害のある人にも、わかりやすく伝えることができます。

	元の日本語		やさしい日本語
学校	明日はお弁当持参でお願いします。	→	明日は 昼に 食べるものを 持ってきて ください。
生活	ご用件をうかがいます。	→	どうしましたか？
	ごみの分別をしてください。	→	燃えるごみと 燃えないごみを 分けて すててください。
緊急時	災害・直ちに高台へ避難してください。	→	今すぐ、高いところへ にげてください。

▲「やさしい日本語」へ言いかえた例

日本語がわからない外国人のために、ほかにどんな工夫があれば便利だと思う？

考えてみよう！

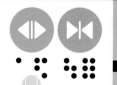

公共の場所にある点字案内

駅の階段の手すりに、点字があります。よく気をつけて見てみると、町のいろいろな場所で、点字が見られます。何のためのものでしょうか？

南口（市役所・県庁方面）出口
左　市営地下鉄　方面

駅の階段の手すりにある点字。階段を下りた先が、どこへ向かうのかを知らせる。手すりにふれたときに読みやすいよう、人さし指の位置に点字がくるように設置されている。点字の突起のすぐ下には、黒の文字（墨字）で点字と同じ内容が書かれている。

Q　どんな場所にあるの？

A　駅や電車の中など、多くの人が利用する公共の場所

　目の不自由な人の中には、点字を使う人がいます。点字は、指でさわって、読みとる文字です。
　目の不自由な人が町を歩くときに必要な情報を得られるよう、いろいろな場所に点字があります。階段やスロープの手すり、郵便ポスト、駅の構内、電車の中など、さわりやすい場所に点字がつけられています。

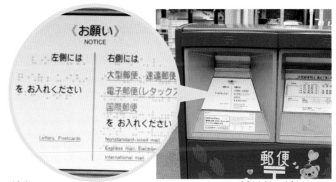

郵便ポストにある点字。左の写真では、左右の投函口に投函する郵便物の種類をしめしている。

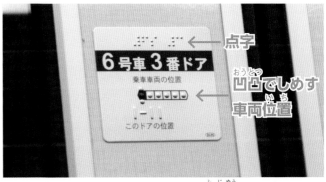

電車のドアにはりつけてある点字。目の不自由な人がさわって、今自分がいるのは何号車のどのドアなのか、知ることができる。点字を読めない視覚障害者も多いため、車両の位置をあらわす凹凸をさわることで、ここが何号車かがわかる工夫もある。

調べてみよう！　　きみの身近な場所では、どんなところにあるかな？

Q なぜ、つくられたの?

A 目の不自由な人が、公共の設備を利用しやすくなるように

あれ、駅へはこの階段でよかったかな?

　目の不自由な人は、ふだんは、おぼえている道順のとおりに歩きます。しかし、新しい場所に行ったときに、スロープや階段の先がどこへ向かうのかわからないことがあります。また、ポストや自動販売機、トイレなどを使おうとしたときに、操作するための場所がわからず、使えないことがあります。

　目の不自由な人がこれらの設備を利用しやすいように、点字をつけて情報を伝えています。

あ、あった!この階段でいいんだ。

手すりにある点字。たまに、設置する人がまちがえて上下をさかさまに取りつけてしまうことがある。目に見える文字で正しい向きを確認できるよう、見える文字と点字がどちらもある。

使いやすくするための工夫

自動販売機にある点字

工夫❶ 小銭投入口に点字で「コイン」と記してあります。

工夫❷ おつり・返却のレバーには、点字で「へんきゃく」と記してあります。

工夫❸ おつり・返却のレバーと小銭の投入口が、となりどうしの位置になっています。どちらかの位置がわかれば、もう一方の位置もわかります。

公共トイレの点字案内（触知案内図）

工夫❶ トイレの前まで、点字ブロック（視覚障害者誘導用ブロック→1巻28ページ）がしいてあります。目の不自由な人を触知案内図まで誘導します。

工夫❷ さわってトイレの全体の構造がわかるように、かべや個室の境目をしめす線や設備の図柄に凹凸をつけてあります。

工夫❸ 案内図の上部に、それぞれのマークが何をしめすかの説明があります。マークの図柄を凹凸であらわし、その右に図柄が何の設備をしめすのかを点字でしめしています。たとえば、洋式便器と小用便器の区別がつくように、さわるとちがう形になっていて、「洋式」と「小用」の文字には点字がついています。

触知案内図

駅のトイレの入り口にある触知案内図。案内図まで点字ブロックがしいてある。駅によっては、音声案内の装置が設置されている場合もある。

❶

案内図全体に透明なプラスチックのカバーがかけてあり、カバーに点字やマークの凹凸がつけられている。ただし、これらの触知案内図は、視覚障害者にとっても、理解がむずかしいという声がある。

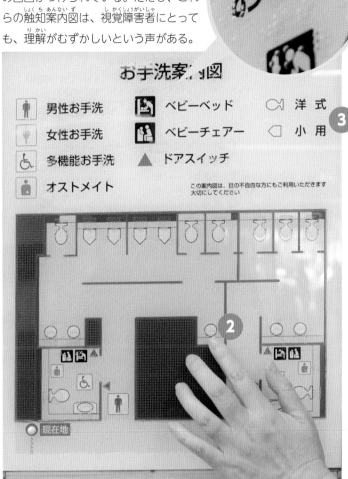

お手洗案内図

👤 男性お手洗		🛏 ベビーベッド		⊂⊃ 洋式	**❸**
👤 女性お手洗		👤 ベビーチェアー		◁ 小用	
♿ 多機能お手洗		▲ ドアスイッチ			
👤 オストメイト					

この案内図は、目の不自由な方にもご利用いただきます
大切にしてください

❷

●現在地

視覚に障害のある
中山 利恵子さんの
お話

Q ここにも点字があればよいのにと思ったことはありますか？

A ホテルの部屋のドアに、あるとよいです。

ホテルなどに泊まったときに、自分の部屋のドアがどれかわからないので、ひとりで部屋にもどれません。部屋番号に点字をつけるか、数字をうき出し文字にしてほしいです。目印としてドアノブに輪ゴムをつけて部屋を出たりもしますが、ホテルの人にかたづけられてしまうこともあります。

コインロッカーの位置もわかりにくいです。自分がどのロッカーに荷物をあずけたか、さがしだすのに一苦労します。同じ大きさで同じ形のものが集合している場所には、区別できるものをつけてほしいです。

視覚をおぎなう設備

町の点字をさがしてみよう

　よく気をつけて見てみると、町のいろいろな場所に点字があります。目の不自由な人がひとりで設備を使い、行動できるようにと、点字で情報を伝えています。どのような場所にあるのか、さがしてみましょう。

エレベーターの階数ボタンにある点字。数字の場合は、数字であることをしめす「数符」が左側につく。

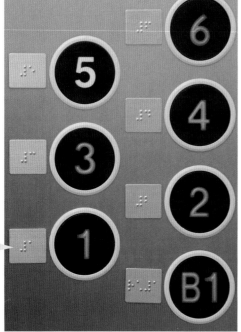

●－	●●	●－
●－	－－	－－
●●	－●	●－

数符　　　1

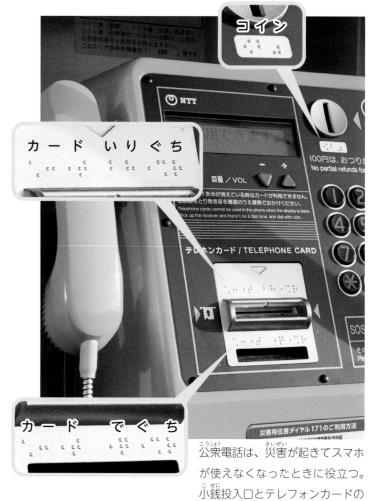

コイン

カード　いりぐち

カード　でぐち

公衆電話は、災害が起きてスマホが使えなくなったときに役立つ。小銭投入口とテレフォンカードの出し入れ口などに点字がある。

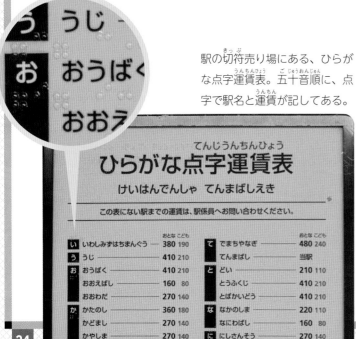

う　うじ
お　おうばく
　　おおえ

駅の切符売り場にある、ひらがな点字運賃表。五十音順に、点字で駅名と運賃が記してある。

ひらがな点字運賃表

けいはんでんしゃ　てんまばしえき

この表にない駅までの運賃は、駅係員へお問い合わせください。

		おとな	こども			おとな	こども
い	いわしみずはちまんぐう	380	190	て	でまちやなぎ	480	240
う	うじ	410	210		てんまばし	当駅	
お	おうばく	410	210	と	どい	210	110
	おおえばし	160	80		とうふくじ	410	210
	おおわだ	270	140		とばかいどう	410	210
か	かたのし	360	180	な	なかのしま	220	110
	かどまし	270	140		なにわばし	160	80
	かやしま	270	140	に	にしさんそう	270	140
	かわちもり	360	180	ね	ねやがわし	310	160

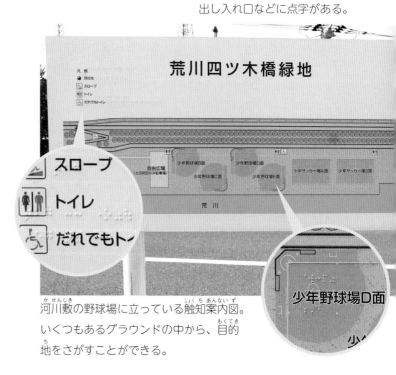

荒川四ツ木橋緑地

スロープ

トイレ

だれでもト

河川敷の野球場に立っている触知案内図。いくつもあるグラウンドの中から、目的地をさがすことができる。

少年野球場D面

読める点字「Braille Neue」

目の見える人も見えない人も読めるフォント（字体）が開発されました。点字にそって、文字を上からかぶせたようにデザインすることで、目で読む文字と指で読む点字を一体にしたものです。

目の見える人と見えない人が同じ文字を使えることで、文字をかけはしにした気軽なコミュニケーションができるようになると期待されています。新しいフォントは、役所などの公共施設に取り入れられています。

考えてみよう！

「読める点字」があると、ほかにどんないいことがあるかな？

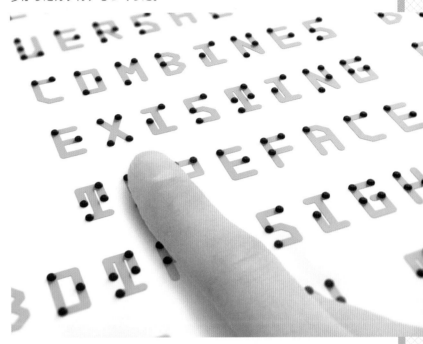

読める点字 Braille Neue。デザイナーの高橋鴻介さんが開発した。最初にアルファベットの文字を手がけ、要望の多かったカタカナもつくった。

下の2つの写真は、渋谷区役所の男性トイレへの設置例。カタカナとしても読むことができる。

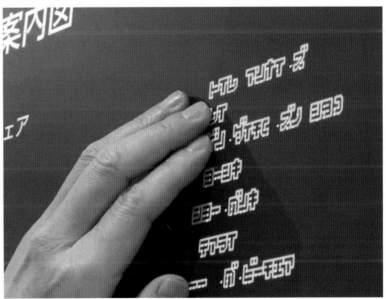

考えてみよう！

点字をさわって読むことができる人は、どんなふうにして点字を勉強したのかな？

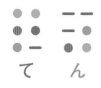

点字を学ぼう

点字は、目の不自由な人のためにつくられた、指でさわって読む文字です。縦3点に横2点の、6つの点であらわします。むずかしそうに見えますが、決まりをおぼえると私たちにも読むことができます。読み方をおぼえて、町で見つけた点字を読んでみましょう。

五十音

点字は●●の部分がうきあがっているので、指先で感じて読むことができます。ここではうきあがっていない部分を ─ であらわします。

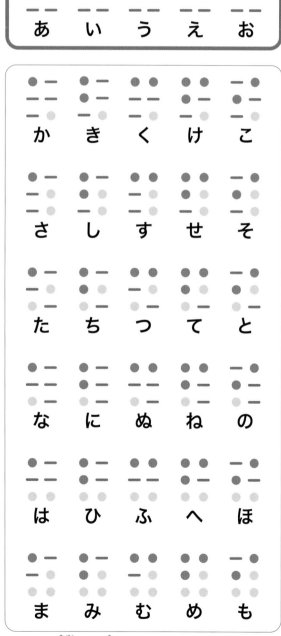

基本は
「あいうえお」

あ い う え お

か き く け こ

さ し す せ そ

た ち つ て と

な に ぬ ね の

は ひ ふ へ ほ

ま み む め も

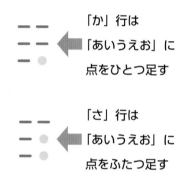

「か」行は
「あいうえお」に
点をひとつ足す

「さ」行は
「あいうえお」に
点をふたつ足す

「た」行は
「あいうえお」に
点をふたつ足す

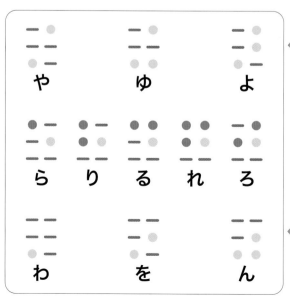

や ゆ よ

ら り る れ ろ

わ を ん

「や」行は例外

「な」「は」「ま」「ら」行はそれぞれ、どの場所にいくつ、点を足せばいいかな?

「わ」行は例外

点字の発明者 ルイ・ブライユ

1809年、フランスに生まれたルイ・ブライユは、3歳のときに片目が、5歳のときに両目が見えなくなった。彼が発明した6つの点でできた点字は、世界中で使われている。

調べてみよう!

日本の点字は、ブライユの点字をもとにつくられたよ。日本の点字を完成させたのはだれ?

か行より、基本の点を濃い青、足す点をうすい青でしめしています。

濁音・半濁音

濁音や半濁音は、初めに決まった位置の点をおき、つづけてその文字の静音（にごらない音）をおきます。そのため2マスであらわします。

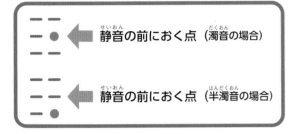

← 静音の前におく点（濁音の場合）

← 静音の前におく点（半濁音の場合）

静音の前におく点を濃い青、静音をうすい青でしめしています。

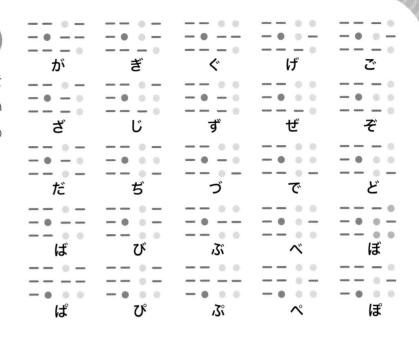

が	ぎ	ぐ	げ	ご
ざ	じ	ず	ぜ	ぞ
だ	ぢ	づ	で	ど
ば	び	ぶ	べ	ぼ
ぱ	ぴ	ぷ	ぺ	ぽ

拗音・拗濁音・拗半濁音

拗音（きゃ）、拗濁音（ぎゃ）、拗半濁音（ぴゃ）の場合も、静音の前に符号をつけて2マスであらわします。

← 静音の前におく点（拗音の場合）

← 静音の前におく点（拗濁音の場合）

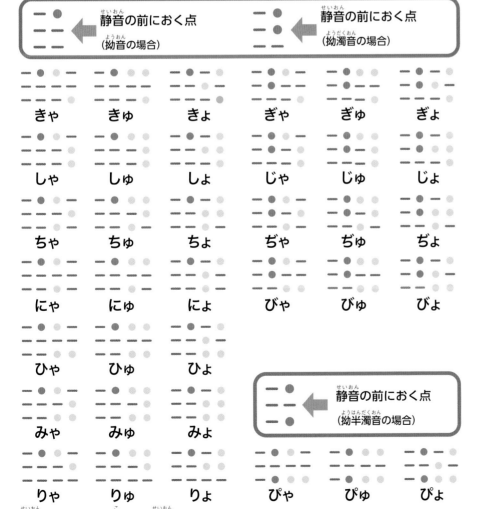

きゃ	きゅ	きょ	ぎゃ	ぎゅ	ぎょ
しゃ	しゅ	しょ	じゃ	じゅ	じょ
ちゃ	ちゅ	ちょ	ぢゃ	ぢゅ	ぢょ
にゃ	にゅ	にょ	びゃ	びゅ	びょ
ひゃ	ひゅ	ひょ			
みゃ	みゅ	みょ			
りゃ	りゅ	りょ	ぴゃ	ぴゅ	ぴょ

← 静音の前におく点（拗半濁音の場合）

静音の前におく点を濃い青、静音（きゃ・きゅ・きょの場合の「か・く・こ」）をうすい青でしめしています。

数字

「つぎは数字です」という意味の数符を前につけて、2マスであらわします。

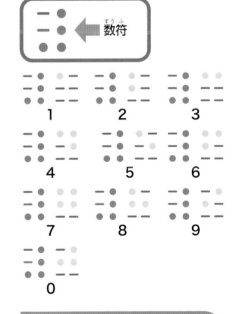

← 数符

1	2	3
4	5	6
7	8	9
0		

長音・促音

長音は長くのばす音です。促音符は小さな「つ」のことです。

● 長音符   ● 促音符

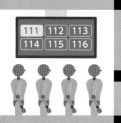
よび出し番号表示

本人通知制度に登録をお願いします！

本人通知制度に登録いただくと、代理人や第三者へ戸籍などの証明書を交付した場合、その事実を市からご本人様あてに通知します。本人通知制度の登録者が増えることで、不正請求の抑止につながり人権侵害を防止します。
ぜひご登録をお願いします。

お問い合わせ：ライフサービス課

交付窓口からのご案内 窓口へお越しください

番号札をお持ちの方 窓口へお越しください

2008

、住所等の変更の手続きができております

1 お渡し窓口

各種証明書（住民票・印鑑・戸籍・税証明など）B

1 お渡し窓口

各種証明書
「住民票・印鑑・税証明など」

印鑑登録

市役所や病院などの待合室で、大きな画面に数字が表示されているのを見たことがありますか？　この番号表示は、何のためのものでしょうか。

登録 1

滋賀県彦根市の市役所にある大きな電子表示板。この市役所には、窓口にならぶ市民の順番を管理する仕組みがある。順番がきた人の番号を表示して、「窓口まで来てください」と伝える。

写真提供：彦根市役所

Q どんな場所にあるの？

A 多くの人が順番を待つ場所

市役所や病院などに行ったときには、ほかにも大勢の人が来るので、窓口で番号をもらったあと、自分の順番がくるまで待たなければなりません。順番がくると、待合室にある電子表示板に自分の番号が表示されます。それと同時に、窓口の係の人がアナウンスしてよび出します。

このような表示は、図書館や、料理の持ち帰りができる飲食店などでも見られます。

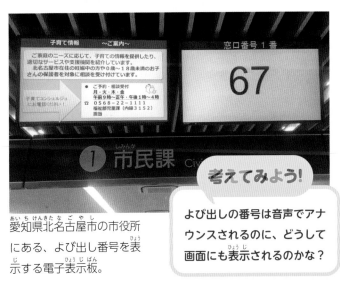

愛知県北名古屋市の市役所にある、よび出し番号を表示する電子表示板。

考えてみよう！

よび出しの番号は音声でアナウンスされるのに、どうして画面にも表示されるのかな？

大阪府立中央図書館にある電子表示板。書庫（地下にある本の倉庫）にある本の準備ができると、その本を取り出してほしいとたのんだ利用者の番号が表示される。

調べてみよう！　きみの身近な場所では、どんなところにあるかな？

Q なぜ、つくられたの?

A 聞くことがむずかしい人が、目で情報を確認できるように

　耳の不自由な人は、自分の番号をよばれてもわかりません。おもに、音声によるよび出しを聞くことができない人がよばれたことがわかるように、この仕組みがつくられました。

　聞こえない、聞こえづらいということは、外見ではわかりません。どの人が聞こえていないのかわからないので、聞くこと以外の方法があれば、本人だけでなく、病院の人も安心です。

　聞こえている人も、よび出し番号表示があれば、本当によばれたかどうかを目で確認することができます。順番待ちの間にトイレなどに立ったときにも、順番が来ていなかったか目で確認できるので安心です。

考えてみよう!
よび出し番号表示がなかったときには、どんな工夫があったのかな?

もう1時間も待っているのに、本当にまだかな?

番号を表示してくれるから、安心だな!

聴覚に障害のある
小林 とみ子さんの
お話

Q 自分の番が来たことがわからなかった経験は、ありますか?

A わからないことが多く、こまりました。

　病院の待合室などで、順番がわからないままずっと待たされることは、昔はしょっちゅうありました。受付の人に聞いても、順番を確認できないと言われるなどして、ずっと待っているしかなかったのです。今はよび出し番号表示の仕組みができて、とても便利になりました。ただ、今でも、大きな待合室では番号表示があるのに中待合室では表示がなく、声だけでよばれる病院があります。どこでも、よび出し番号を表示してもらえたらうれしいです。

わかりやすくするための工夫

病院の待合室にある番号表示の場合

工夫❶ この病院にはいくつかの科があります。それぞれの科の担当医師の診察室に、「E4-5」「E4-6」などの番号がついています。

工夫❷ 医師の名前は、白の背景に黒い文字で書かれています。その右側に、順番がきた人の番号が表示されます。医師名と区別して見やすいように、紺色の背景に白い数字です。ここへ番号が表示された人は、中待合室へ入るようにとうながします。

工夫❸ いちばん右側に、進行状況がしめされています。予定より診療がおくれているときも、ここに表示されます。

工夫❹ 受付での手続きが必要な人は、いちばん下の緑色の枠に番号が表示されます。

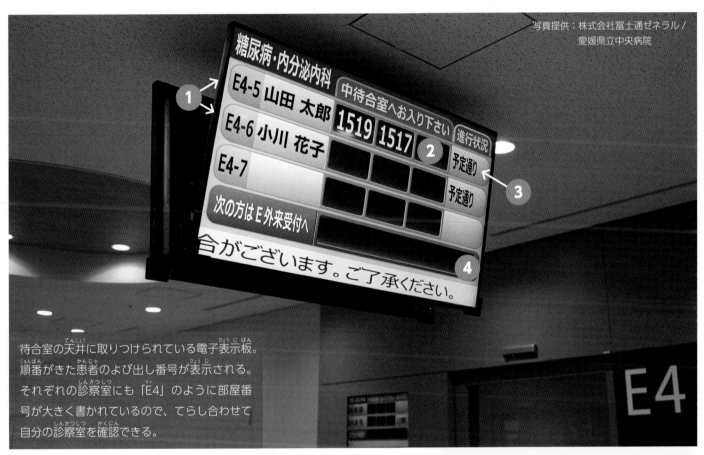

写真提供：株式会社富士通ゼネラル／愛媛県立中央病院

待合室の天井に取りつけられている電子表示板。順番がきた患者のよび出し番号が表示される。それぞれの診察室にも「E4」のように部屋番号が大きく書かれているので、てらし合わせて自分の診察室を確認できる。

受付票
1519
20XX/XX/XX
〇〇時〇〇分

診察科　　　〇〇〇〇科
診察内容　　診察

　　〇〇病院

病院に来た患者は、受付番号が書いてある受付票を受けとって、番号が表示されるのを待つ。ただし、今は受付票を出さず、患者のスマホに表示される仕組みにしている病院も多い。

病院内にあるレストランでも同じ番号表示が見られる。食事などをしながら、順番待ちをすることができる。

見てみよう！ 順番が来たことを知らせる工夫

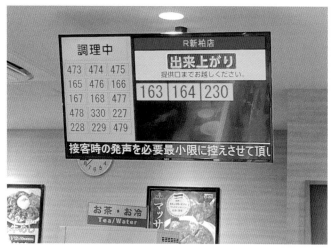

店内のディスプレイで
お客さんに知らせる

　持ち帰りサービスを行っている飲食店では、注文があった順に調理をし、できあがった順にお客さんに持ち帰ってもらいます。店内に大きなディスプレイがあり、もうすぐできる人の番号とできあがった人の番号を表示します。店内で待っていたお客さんは、手元の引換券とてらし合わせてから受けとるので、ほとんどまちがいが起こりません。発声をひかえることができるので、感染症対策としても効果があります。

上の写真は、牛丼店の番号表示。下の写真は、店外で待つお客さんに見てもらうための中華料理店の番号表示。持ち帰りのお客さんに、できあがった番号を表示して受けとりをうながしている。

にぎやかな店内で
ふるえてよび出す

　音だけでなく、ふるえることで順番がきたことを知らせる道具があります。大型商業施設のフードコートなど、たくさんの人でにぎわう場所で、料理の準備ができたことを知るのに便利です。とくに目の不自由な人にとって、わかりやすい工夫です。

料理を注文した人が、店から受けとるよび出し機器。たくさんの人がいる場所では音では気づきにくいが、テーブルの上においておくと、振動が伝わるので気づきやすい。

店内や待合室ではなく、好きな場所で待つ

　スマホやパソコンを使って、順番待ちができる仕組みがあります。順番が近づくと通知がとどくので、自宅や外出先など、好きな場所で順番待ちをすることができます。店内や駐車場が混雑することをさけられるので、感染症対策にもなります。今は病院などでも使われるようになっており、病院の窓口へ行ったり待合室で待ったりする必要がないので、便利です。

飲食店や病院で活用されている「LINE」アプリのサービス。利用や診察を申しこむと（❶）、受付番号（整理券）が送られてくる（❷）。順番が近づくと LINE に通知が来る。あとどれくらい待てばよいのかも表示される。

考えてみよう！

この仕組みは、どんなときにどんな人にとって、便利かな？

ほかにもあった！

屋外で待ち時間を知らせる

　テーマパークなどでは、アトラクションにたくさんの人がならびます。また観光名所などでも、多くの人がならんで順番を待つことがあります。屋内だけでなく屋外でも、順番を知らせるディスプレイが便利です。

神奈川県鎌倉市の長谷寺。紫陽花の季節にはたくさんの人がならぶため、番号の書かれた整理券がくばられる。寺の入り口や境内には、番号表示と待ち時間表示がかかせない。

きみの身近な場所では、順番を知るためのどんな工夫が見られるかな？

調べてみよう！

電車の発車案内板

21号 17:32 長野
5号 17:36 仙台　　　23番線12両編成
7号 17:40 新潟　　　22番線17両編成
7号 17:52 越後湯沢22番線2階建て8両編成
5号 17:56 盛岡　　　21番線2階建て8両編成
号 18:00 仙台・山形20番線17両編成

ひかり
のぞみ
のぞみ
のぞみ
こだま

駅の構内やホームには、かならず発車案内板があります。電車の運行に合わせて、文字の表示がつぎつぎに変わります。この設備がどのように便利なのか、見てみましょう。

・山陽新幹線 発車ご案内
, Sanyō Shinkansen Departures

7:33	新大阪	19	自由席1-5号車
7:40	新大阪	15	自由席1-5号車
7:50	広　島	16	自由席1-3号車
7:53	新大阪	19	自由席1-3号車
7:56	名古屋	17	自由席1-7,13-15号車

お客様へのお願

東京駅の構内（コンコース）にある発車案内板。各方面へ向かう新幹線や、そのほかの路線の発車案内がならぶ。どの案内板にも、発車時刻の近い順に、上から列車名と発車するホームの番号などが表示されている。

Q どんな場所にあるの？

A 駅の構内やホームの高い場所

　電車の発車時刻や、おくれなどの運行状況をしめしているのが発車案内板です。

　駅へ行くと、構内や改札口を入った場所に発車案内板があります。ホームにもあります。はなれた場所からも見やすいように、乗客がななめ上を見上げてちょうどいい、高めの場所に設置してあります。

駅のホームにある発車案内板。1番線から発車する電車の行き先と、何分後に到着するかを案内する。

駅のホームにあるスピーカー。案内板と同じ内容を音声で伝える。乗客が目でも耳でも情報を得られるようにしてある。

調べてみよう！　　きみの身近な駅では、どんな発車案内板があるかな？

Q なぜ、つくられたの?

A 乗客が乗りたい電車に乗ることができるように

電車に乗って目的の場所まで行くには、さまざまな情報が必要です。快速や各駅停車などの電車の種類、電車の名前、発車時刻、行先、発車するホーム（番線）、その電車が停車する駅などを知らなくてはなりません。駅員によるアナウンスや録音された音声アナウンスだけでは、聞きとりにくかったり、聞きのがしたりすることがあります。だれもがたしかな情報を目で見て得られるように、発車案内板がつくられました。

また、電車のおくれや運休などは、だれもがその場ですぐに知りたい情報です。正しい情報を早く知るために、発車案内板はかかせない設備です。

つぎは○分にくるな!

特急はあっちね!

考えてみよう!

もしも事故などで電車の運行がみだれたら、発車案内板はどうなるかな?

東急電鉄株式会社
**奥野 裕真さんの
お話**

Q 発車案内板のほかに、わかりやすい案内をするための工夫はありますか?

A 音声案内を男性と女性の声で分けています。

案内の音声で、上り電車と下り電車※を区別できるようにしています。ひとつのホームの両側に電車が到着する場合、「○番線に電車が到着します」とアナウンスしても、とくに目の不自由な人には、どちらのホームに到着するのかがわかりにくいです。そこで多くの鉄道会社では、上り電車と下り電車で男女の音声を分けてアナウンスをしています。はっきりとちがう男女の声を流すことで、聞いた瞬間にどちらの電車がくるのかがわかる仕組みです。

※上り電車は都市方面へ向かう電車のこと。下り電車はその反対の方面へ向かう電車のこと。

見やすくするための工夫

工夫❶ 濃い青の表示版に白の文字です。文字がくっきりと見えます。

工夫❷ このホームへつぎに来る電車を、上に大きく表示しています。「押上」という行き先をしめす文字が、大きく目立ちます。

工夫❸ つぎに来る電車が今どこにいるか、位置を知らせます。前々駅、前駅、当駅のどこかに電車がいる場合、表示板に電車の絵がしめされます。この写真の場合、つぎの電車は前々駅にいます。

工夫❹ そのつぎに来る電車を、いちばん下にしめしています。「急行」は電車の種類です。目立つように赤で表示しています。

工夫❺ 日本語から英語（ローマ字表記のアルファベット）、韓国語での表示に切りかわります。

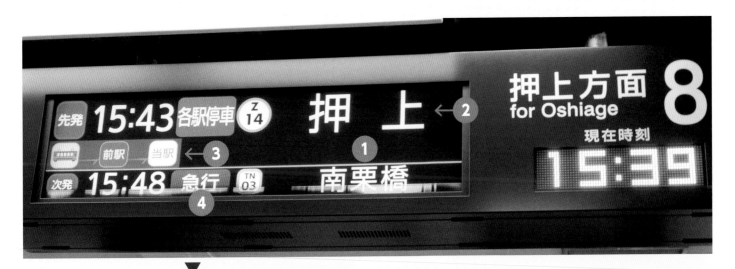

外国の人が情報を得やすいよう、日本語からアルファベット（左下）、韓国語（右下）と、数秒おきに表示が切りかわる（❺）。

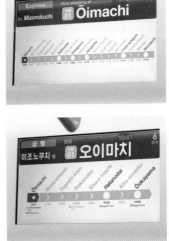

電車の中の表示画面で、現在いる駅と、この先の到着駅をしめす。日本語からアルファベット（右上）、韓国語（右下）に切りかえて表示される。電車がトンネルに入ったときなど車内アナウンスが聞こえにくい場合に、見て到着駅を確認できる。目の不自由な人だけでなく、だれにとっても便利だ。

バスの運行情報を知らせる工夫

バス停の運行案内板

　バスは、交通渋滞でおくれることがあります。バスを待っていて、予定の時間を過ぎても来ないとき、あとどれくらい待てば来るのかを知ることができれば安心です。

　そのようなときに便利なのが、バスの運行状況を表示しているバス停です。おくれがあれば、すぐに知らせます。スピーカーがついているバス停では、音声でもアナウンスをしています。

バス停にある運行案内板。電光掲示の部分にバスの運行状況が表示される。

スマホにアプリを入れて、バスの運行状況を知ることができるサービスもある。バス会社によっては、アプリを入れなくてもWEBサイトから運行状況を確認できる。

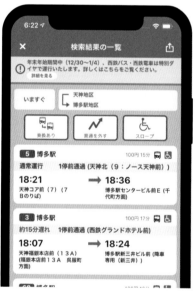

画像提供：西日本鉄道株式会社

運行情報を表示する電光掲示板がバス停の屋根に設置してある。スピーカーもついていて、音声案内もある。

経由地｜VIA

墨田区曳舟文化センター前
Sumidaku-Hikifune-Bunka Center

押上二丁目
Oshiage-Nichome

向島三丁目
Mukojima-Sanchome

つぎは：とうきょうスカイツリー駅前
NEXT：TOKYO SKYTREE Sta.　のりかえ TRANSFER

現在時刻 15:53

都営バスの運転席の左上には、表示を切りかえていろいろな情報を知らせる液晶パネルがある。向かっているバス停の名前と順番が立体的に表示してあるので、ぱっと見てわかりやすい。

バスの中の情報表示

バスの中の表示も進化しています。東京都の都営バスでは、行き先や、いくつか先までのバス停の名前がつねに表示されます。自分が行き先のちがうバスに乗っていないか不安になった人も、安心できます。バスの場合は、利用者のないバス停には停車しないので、つぎのバス停は停車するのかどうかを、運転手のアナウンスだけでなく目で見て確認できます。

つぎ止まります
バスが止まるまでそのままお待ちください。

STOP REQUESTED
下一站停车
다음 멈춥니다

現在時刻 8:42

「つぎ止まります」の表示に切りかわったところ。止まるか止まらないかを確認できるので安心だ。

知っているかな？

高速道路のトイレ案内

高速道路のサービスエリアにあるトイレでは、大型バスなどが到着すると、いっせいにお客さんがおしよせます。そこで、建物の入り口にトイレの利用状況がひと目でわかるディスプレイを設置して、お客さんを利用者の少ないトイレへ誘導しています。

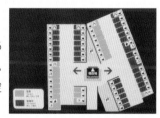

トイレの入り口にある「満室表示板」。赤が使用中、緑が空いているトイレ。

喫煙コーナー
Smoking Area

トイレご利用状況
155m左側にも、大きいトイレがあります。

空き Vacant　空き Vacant

ショップ・レストラン

空き Vacant　空き Vacant

小型車側　　大型車側

← ····· 155m 現在位置 You are here

サービスエリアにある、トイレの利用状況を知らせる表示。空いているトイレを教えてくれる。

きみが使う電車やバスでは、運行情報を知らせるどんな工夫があるかな？

調べてみよう！

さくいん

監修	川内美彦（東洋大学人間科学総合研究所客員研究員）

一級建築士、博士（工学）。頚髄損傷により19歳から車いすを使用。1989〜90年、ユニバーサル・デザインの提唱者であるロン・メイスと親交を結び、薫陶を受ける。障害のある人の社会への関わりについて、「人権」や「尊厳」の視点で分析し、平等な社会参加を権利として確立していく活動を展開している。

国語科指導	岩倉智子（梅光学院大学文学部教授）
装丁・本文デザイン	倉科明敏（T.デザイン室）
企画・編集	渡部のり子・頼本順子（小峰書店） 常松心平・鬼塚夏海（オフィス303）
イラスト	ニシハマカオリ（P5） 常永美弥（P10、P16、P22、P30、P36）
図表・グラフ	玉井杏
写真	平井伸造
取材協力	東京都交通局、東急電鉄(株)、(社福)日本視覚障害者団体連合、(公財)交通エコロジー・モビリティ財団、(株)アイ・デザイン、マグナス・ベングソン、中山利恵子、小林とみ子
写真協力	東京都交通局、東急電鉄(株)、ハート・プラスの会、全日本難聴者・中途失聴者団体連合会、椎野祐輔、(株)コトブキ、大牟田市動物園、高橋鴻介、北名古屋市役所、大阪府立中央図書館、ロカスポ柏市版、(株)パシフィック湘南、(株)ブレイブテクノロジー、(株)アメイジングポケット、鎌倉 長谷寺、東日本高速道路(株)、PIXTA、フォトライブラリー、イメージナビ

みんなが過ごしやすい町のバリアフリー
③情報を得る工夫

2022年 4 月 9 日　第1刷発行
2022年11月11日　第2刷発行

発行者	小峰広一郎
発行所	株式会社小峰書店
	〒162-0066 東京都新宿区市谷台町4-15
	TEL 03-3357-3521　FAX 03-3357-1027
	https://www.komineshoten.co.jp/
印刷・製本	図書印刷株式会社

© Yoshihiko Kawauchi 2022 Printed in Japan
NDC 369　40p　29 × 23cm　ISBN978-4-338-35003-7

乱丁・落丁本はお取り替えいたします。
本書の無断での複写（コピー）、上演、放送等の二次利用、翻案等は、著作権法上の例外を除き禁じられています。
本書の電子データ化などの無断複製は著作権法上の例外を除き禁じられています。
代行業者等の第三者による本書の電子的複製も認められておりません。